INHALT

Ausreden fürs
ZUSPÄTKOMMEN

Mein Wecker hat geklingelt,
als ich noch geschlafen habe.

Ich arbeite gerade an
einem Zeitmanagementplan.
Heute hat sich leider gezeigt,
dass ich in der Testphase versagt habe.
Morgen wird alles besser.

Ich stand am falschen Bahngleis.
Die Beschriftungen in den Bahnhöfen
sind seit der neuen Baustelle
aber auch so unverständlich.
Wer soll sich denn da zurechtfinden?

Stellen Sie sich vor,
normalerweise kommt mein Bus
immer ein paar Minuten zu spät.
Heute aber kam er ein paar Minuten
zu früh und weil er die Verspätung
der letzten Tage aufholen wollte,
war er schon weg, als ich
zur Bushaltestelle kam.

Komischerweise merkt man immer erst morgens,
dass die Batterien im Wecker leer sind.

Ich habe geträumt, heute sei Sonntag!

Das Brot war alle,
da musste ich Müsli essen und
das hat länger gedauert.

Ich konnte nicht eher kommen,
weil unsere Tür geklemmt hat und
ich deshalb zwei Stunden auf
den Schlosser warten musste,
der mich dann herausgelassen hat.

Mein Wecker hat verschlafen!

Mein Aquarium ist kaputtgegangen.
Ich musste meine Fische retten!

Auf halbem Schulweg habe ich gemerkt,
dass ich meinen Schulranzen
zu Hause vergessen habe.
Da musste ich nochmal zurück.

Ich lag wach im Bett,
aber es kam keiner,
der gesagt hat,
ich solle aufstehen!

Mein Goldfisch ist ertrunken!
Deswegen musste ich
Erste Hilfe leisten!

DIESER MOMENT ...

... wenn in der Schule die Anwesenheit kontrolliert wird und du dich vorher nervös auf das „Ja" vorbereitest.

Ich habe kein
passendes Sockenpaar gefunden.
Da musste meine Mutter neue kaufen.

Ich bin aus Versehen zur falschen Schule gefahren.

Äh ... da hat mich so ein Lehrer
vollgequatscht und angehalten ...
der hat so viel gelabert ... und da hab
ich es nicht mehr rechtzeitig geschafft!

AUSREDEN
für Schüler

NFV

Habe mir heute morgen
beim Aufstehen
den Kopf gestoßen.
Am Kissen.
War eine Stunde ohnmächtig.

Meine Schwester hat es heute
früh tatsächlich geschafft,
vor mir ins Badezimmer
zu kommen, und
Sie wissen ja, wie lange
Mädchen immer brauchen.

Regelmäßiges Zuspätkommen ist
auch eine Art von Zuverlässigkeit!

Ich wurde
vom Bus verpasst.

#BFF

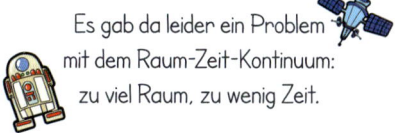

Es gab da leider ein Problem
mit dem Raum-Zeit-Kontinuum:
zu viel Raum, zu wenig Zeit.

==Als mein Wecker== geklingelt hat,
wollte ich das Quadrat der Uhrzeit
im Kopf ausrechnen und
muss dabei wieder eingeschlafen sein.

Ich komme zu spät, weil die Erdrotation
gegen mich gespielt hat.
Ich bin gegen die Erddrehung gelaufen,
durch die Zeitverschiebung hat sich
wohl ein Zeitdefizit angesammelt ...

Ich musste warten,
bis die LED-Lichter meiner Schuhe
vollständig aufgeladen waren.

Ich kann es erklären,
aber nicht ohne das Wort
„Außerirdische"!

Ich habe heute Nacht von einem
Fußballspiel geträumt und
als ich aufstehen musste,
gab es eine Verlängerung.

Im Bad war über Nacht
das Fenster auf und
dadurch ist meine Zahnpasta eingefroren.

Ich bin leider zu spät,
weil es gegongt hat, bevor ich hier war.

Mein großer Bruder hat mich heute
hergefahren. Er hat den Führerschein
gerade erst gemacht und
fährt noch immer sehr langsam.

Ich bin über Nacht zum Star geworden.
Und mit den vielen Fans in meiner Einfahrt
konnte nun wirklich niemand rechnen.

Entschuldigung, ich bin zu spät,
aber so bin ich nun mal.
Und es wird wieder passieren.

Haben Sie eine Ahnung, wie schwer es
ist, neun Geschwister zu haben?
Da ich die Älteste bin,
muss ich alle wecken und
sobald der eine aufgewacht ist,
sind schon drei wieder eingeschlafen!
Da bracht man schon eine Menge Zeit!

Unsere Katze hatte sich in
==meinem Ranzen versteckt.==
Ich habe es leider erst zu spät
gemerkt und musste den
ganzen Weg wieder zurück
und die Katze zu Hause absetzen.

Die Schlange vor der Toilette war einfach riesig.

Meine Wanduhr hing schief,
da hat sie mir die falsche Uhrzeit angezeigt!

DIESER MOMENT ...

... wenn du dein Heft rausholst
und du merkst, dass das Heft
voll ist und du kein neues dabei hast.

Ich habe gerade die Haustür aufgemacht,
da ist mein Hund abgehauen.
Den musste ich natürlich
wieder einfangen!

Gestern wurde bei uns eingebrochen –
die Diebe haben den
ganzen Schmuck,
unseren Fernseher und
meinen Wecker mitgenommen.

Der Bus war voll und ich musste
auf den nächsten warten.

 Der Busfahrer hatte wohl einen
schlechten Tag heute und
ist einfach an mir vorbeigefahren.

Ich hatte starken Gegenwind
beim Radfahren.

 **Der Bus hat sich verfahren!**

Als ich zum Bus gelaufen bin,
bin ich über mein Schuhband
gestolpert und hingefallen.
Meine Sachen haben sich
auf dem ganzen Boden verteilt,
und bis ich alles eingesammelt hatte,
war der Bus schon weg!

Tut mir leid für die Verspätung,
aber ich habe mich im Schulgebäude verlaufen.

Der Toaster hat angefangen zu brennen –
bis ich alles gelöscht und
die Wassermasse weggewischt hatte,
verging eine Weile …

Der Bus hatte Verspätung,
weil ein Elefant auf
der Straße saß.

Ich habe beim Bäcker hinter
einer alten Dame gestanden,
die alles in Ein-Cent-Stücken
bezahlt hat.

**Tut mir leid,
dass ich zu spät bin,
aber meine Oma
hat mich aufgehalten.
Ich musste noch ihren
neuen Pudding probieren.**

Meine Mutter hat verschlafen
und mich deshalb
nicht wecken können.

Entschuldigen Sie,
aber ich bin mit dem Fuß
im Gully stecken geblieben.

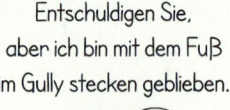

Meine Eltern haben mich aus Versehen
in der Wohnung eingeschlossen.

Mein Tee war zu heiß und
musste noch abkühlen.

Ich gehe die Straße entlang und plötzlich
bleibe ich in frischem Zement stecken.
Es hat echt lange gedauert,
==bis die Bauarbeiter==
mich da wieder raus hatten.

Wie? Heute war nicht Zeitumstellung?

Entschuldigung,
aber meine Katze ist auf
meinem Hausschlüssel eingeschlafen.

Zuerst wollten die Nägel nicht trocknen.
Dann hat das Outfit plötzlich
nicht mehr zu den Nägeln gepasst.

Eichhörnchen Lv 20

Schüler/in Lv 12

▶ Ich wurde von einem
Eichhörnchen angegriffen!

Im Aufzug stand „für 6 Personen"
und ich brauchte 30 Minuten,
bis ich alle zusammen hatte.

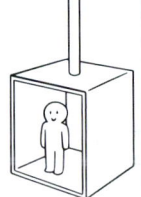

Mein Fahrrad wurde zugeparkt.

Ich habe heute einen
neuen Weg ausprobiert.
Die vielen Schilder haben mich verwirrt,
sodass ich den Weg hierher
nicht mehr finden konnte.

Verzeihung, ich bin nicht
gut im Time-Management!

Ausreden für unerledigte
HAUSAUFGABEN

ICH DACHTE, WIR SOLLTEN UNS DARÜBER NUR GEDANKEN MACHEN.

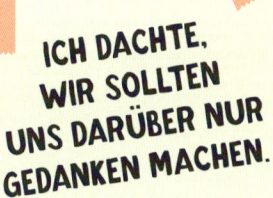

Die Aufgabe war mir zu einfach,
da habe ich eine schwerere angefangen,
aber die konnte ich dann nicht lösen.

Das Heft ist mir auf dem Weg
zur Schule in eine Pfütze gefallen.
Dann habe ich es weggeworfen,
weil man nichts mehr lesen konnte.

Ich habe mich
im Wochentag geirrt und
aus Versehen den Ranzen
für morgen gepackt.

Oh, ich sehe gerade,
dass ich meinen Collegeblock
zu Hause vergessen habe.

Ich habe die Mathe-Hausaufgaben
versehentlich bei Deutsch
eingetragen und Deutsch
haben wir erst morgen.

DIESER MOMENT ...

... wenn du abschreibst,
aber dein Sitznachbar
beschuldigt wird.

Mein kleiner Bruder wollte
meine Hausaufgaben machen.
Anscheinend hat er es bis
jetzt noch nicht geschafft ...

Oh, wir sollten a) bis g) machen?
Ich dachte, nur a) und g).

* Nur bei starkem Klassenzusammenhalt!

TIPP:

Kritzel irgendetwas in dein Heft.
Streiche auch einige
Antworten durch und
sage dann deinem Lehrer:
„Ich habe es nicht verstanden,
aber ich habe es versucht."

Mein kleiner Bruder hatte das Heft
versteckt und konnte sich heute
Morgen nicht mehr erinnern,
wo er es hingetan hatte.

Aus Gründen der nationalen Sicherheit
kann ich dieses Dokument nicht freigeben!

Ich habe mir die Hausaufgaben
beim Frühstück noch einmal angeguckt.
Leider war die Milch sauer und das ist
meinem Magen nicht bekommen.
Naja, Sie können sich die
Sauerei sicher vorstellen.

Ich habe gestern nach der Schule
den falschen Zug genommen und
bin versehentlich nach Moskau gefahren.
Als ich dann endlich zu Hause ankam,
war es schon nach Mitternacht und
ich hatte keine Zeit mehr,
Hausaufgaben zu machen.

Ich habe die Hausaufgaben
mit der Zaubertinte
meiner kleinen
Schwester gemacht ...
Jetzt ist das
Blatt wieder leer ...
Wollen Sie es sehen?

| Ich habe meine Hausaufgaben vergessen! |  |
| In meinem Buch fehlte die Seite, auf der die Aufgabe steht. | |

Ich hatte alle Lösungen!
Aber die passten irgendwie
nicht zur Fragestellung.

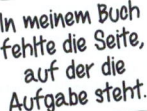

Ich wurde gestern überfallen.
Da ich nur fünf Euro einstecken hatte,
entschieden sich die Diebe, lieber
mein Heft mitzunehmen.

Ich habe am Computer gesessen
und meine Hausaufgaben gemacht.
Dann kam mein Vater rein und hat gedacht,
dass ich nur Blödsinn mache.
Er hat sie aus Spaß gelöscht.

Meine Eltern haben doch tatsächlich
meine Hausaufgaben versteckt,
um mir zu zeigen, dass ich
mein Zimmer besser aufräumen soll.

Ich wollte meine Mitschüler
nicht mit klausurbedingten,
negativen Schwingungen
meinerseits belasten.

Eigentlich wollte ich ja nur
ein bisschen Powernapping machen.
Ich habe gelesen, dass das total super
fürs Lernen und für
die Gedächtnisleistung sein soll.
Dann bin ich aber so fest eingeschlafen,
dass ich erst mitten in der Nacht
wieder hochgeschreckt bin.

DIESER MOMENT ...

... wenn der Lehrer fragt,
ob du deine Hausaufgaben
gemacht hast und du anfängst,
im Rucksack rumzukramen,
um Zeit zu schinden und dir eine
Ausrede einfallen zu lassen.

Ich habe Ihnen meine Hausaufgaben
doch per Mail geschickt.
Haben Sie die gar nicht bekommen?
Mann, auf nichts ist mehr Verlass –
nicht mal auf das Internet!

Ich habe mein Heft mit
den Hausaufgaben einem
Mitschüler gegeben.
Der ist heute aber leider krank.

Über Nacht hatte ich das Fenster auf,
da wurden meine Hausaufgaben
vom Tisch geweht und sind in
den Kaninchenkäfig geflogen.
Die Kaninchen haben
sie dann zerfressen.

Meine Mutter hat
beim Aufräumen und Putzen
gestern versehentlich
meine Zettel weggeschmissen.
Ich kann mir auch nicht erklären,
wie das passiert ist.

Meine Mutter hat versehentlich
mein Heft mit den Hausaufgaben eingesteckt
und ist dann damit zur Arbeit gefahren.

Die Schlange von meinem Bruder
ist gestern auf meinem Heft
eingeschlafen und
ich wollte sie nicht wecken.

Ich habe den Zettel
mit den Hausaufgaben
in der Küche liegen gelassen,
==mein Hund hatte wohl==
nachts Hunger und hat
ihn einfach aufgefressen.

Ich musste dringend
mit unserem Hund zum Tierarzt.
Der Hund ist schließlich der
beste Freund des Menschen.
Und meinen besten Kumpel konnte ich
doch nicht einfach hängen lassen!

**Ich habe meine Hausaufgaben
in der Mikrowelle vergessen.**

Mein Vater hat das Heft heute
mit zur Arbeit genommen.
Ich habe die Aufgaben
so genial gelöst, dass er
unbedingt vor seinen Kollegen
damit angeben wollte.
Das verstehen Sie
sicher, oder?

$$2 + 2 = 5$$

DIESER MOMENT ...

... wenn im Unterricht auf
einmal alle anfangen zu schreiben
und du keinen Plan hast,
was du machen sollst.

Mein kleiner Bruder wollte
ausprobieren, wie ein Tintenkiller
funktioniert und da
mein Heft gerade so dalag ...

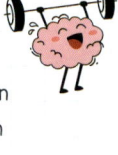

Die Formulierung
der Aufgabenstellung
hat mich so fasziniert,
dass ich darüber Stunden
nachgedacht und mich in
den Gedanken völlig
verloren habe.

Ich war gestern nach der Schule beim
Augenarzt und bekam Augentropfen.
Danach konnte ich leider
nichts mehr sehen.

Ich habe meine Hausaufgaben
vor dem Unterricht
einer Freundin zum
Abschreiben geliehen.
Leider darf ich nicht verraten,
wer das ist –
das wäre doch gemein!

Tut mir leid, aber die Kapazität meiner individuellen Gehirnzellen schmiegt sich asymptotisch an den Grenzwert von 1/x, für x gegen unendlich an.

Könnte ich die Hausaufgabe in der nächsten Stunde abgeben?
Mein Vater ist noch nicht fertig.

Es gab auf der Schultoilette kein Toilettenpapier mehr.

Ich brauchte Geld und habe
meine Hausaufgaben
bei Ebay versteigert.
Das verstehen Sie doch!

**ICH HABE GESTERN
MEINE GANZE SCHULTASCHE
BEIM POKERN VERLOREN!**

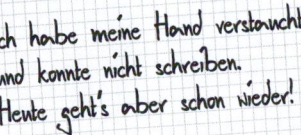

Ich habe meine Hand verstaucht
und konnte nicht schreiben.
Heute geht's aber schon wieder!

Ich habe die Hausaufgaben
am PC gemacht und ausgedruckt und
heute morgen im Drucker vergessen.

Ich habe die Hausaufgaben nicht gemacht,
da sich das in den letzten 10 Monaten vor
den Sommerferien eh nicht mehr lohnt.

Ich hatte keine Zeit, die
Hausaufgaben zu machen,
weil ich daran gedacht
habe, wie toll Sie sind!

Ich sage es, wie es ist:

KATZENKOTZE.

Meine arme Katze hat sich einmal
komplett über mein Heft übergeben.
Das ist aber auch eine fiese Sache,
mit diesen ganzen Haarbällchen.
Dabei sind Katzen sonst so süß.
Haben Sie das Video mit
der Katze gesehen,
die beim Schlafen quiekt
wie ein Meerschweinchen?
Ich zeige Ihnen das gerne mal ...

Hausaufgaben

☐ jetzt

☐ später

☒ NIE!

✈ FLUGTICKET

Meine Hausaufgaben
sind aus meinem
Privatjet geflogen.

BOARDING PASS

NAME OF PASSANGER
SURNAME / NAME
FROM:
TO:
FLIGHT   DATE   ZONE
GATE   SEAT   TIME

Ich konnte keine Hausaufgaben machen,
meine Stifte waren leer.

Leider hatte ich gestern
Abend so starke Kopfschmerzen,
dass ich mich nicht auf meine
Hausaufgaben konzentrieren konnte.

Mein Einhorn hat meine

Hausaufgaben gefressen!

UNTERRICHTS-SPRÜCHE

Sie haben doch schon
gestern reden dürfen …
Heute bin ich dran!

Ich fand das Thema so spannend,
dass ich die ganze Zeit
darüber nachgedacht habe.

Aber meine Antworten
bei Name, Klasse und Datum
waren richtig …

Eines habe ich in Mathe gelernt:
Geht es zu leicht,
ist es definitiv falsch!

Im Bio-Unterricht.
„Die größten Säugetiere

kommen im Meer vor,
weil sie sonst nirgends
mehr hingepasst haben."

Liebe Lehrer,
ihr könnt mich so oft umsetzen,
wie ihr wollt.
Ich rede mit jedem.

Irgendwann sitze ich bei
„Wer wird Millionär?"
und komme nicht weiter.
Als Telefonjoker rufe ich
meinen alten Mathelehrer an:
„Na, überleg doch mal,
da kommst du doch bestimmt selbst drauf.
Das hatten wir doch im Unterricht."

DIESER MOMENT ...

... wenn du eine Gruppenarbeit mit den unfähigsten Leuten in deiner Klasse machen musst.

Ich konnte Sie gar nicht hören. Haben Sie etwas gesagt?

IM KOPF? WOZU WURDE DANN DER TASCHENRECHNER ERFUNDEN?

Ich konnte das nicht ausrechnen, es war bewölkt und ich habe nur einen Solartaschenrechner ...

Ein Handy klingelt,
die Klasse fängt an zu husten.
Lehrer:
„Schon gut, Leute,
war meins!"

Eltern:
„Was macht die Schule?"
Schüler:
„Nichts! Ich muss alles
selbst machen!"

Was ist flüssiger als Wasser?
Die Schule, die ist überflüssig!

Die ersten fünf Tage
nach dem Wochenende
sind die schlimmsten!

Lehrer:
„Was ist 5 + 5 × 10?"
Schüler:
„Eine Matheaufgabe."

Mein Lehrer hat keine Ahnung,
ständig fragt er mich was ...

Auf dem Pausenhof, nach der Klassenarbeit:

Wie jetzt,
da gab es
eine Rückseite?!

Abschreiben ist auch eine Form von

Teamwork!

Mathe ist meine
zweite Fremdsprache!

Wie war das Wochenende?
Zu schnell vorbei!

Schüler 1: „Mir ist kalt!"
Schüler 2: „Stell dich in die Ecke,
da haben wir 90 Grad!"

Wenn alles schläft und einer spricht,
den Zustand nennt man Unterricht!

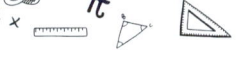

„Machen wir heute draußen Unterricht?
Dann könnten wir Wurzeln ziehen üben."

Für Römer war Mathe einfach!
X war immer 10.

Liebes Mathebuch,
werde erwachsen und
löse deine Probleme selbst!

Das Einzige, was mich hier hält,
ist die Erdanziehung!

Schule ist cool!
Nur die Stunden zwischen
den Pausen nerven!

Unterricht—
oder wie ich
es nenne:
Kreidezeit

Nenne einen Extremsport!
Hausaufgaben machen,
während der Lehrer
sie einsammelt!

Für Schüler das absolute Highlight,
für Lehrer oft extreme Belastungsprobe:
die Klassenfahrt.

Heute morgen um halb sieben
wär ich gern im Bett geblieben.
Doch der einzige Trost für mich,
in der Schule seh ich dich!

DIESER MOMENT ...

... wenn während der Klassenarbeit
der Lehrer vorbeiläuft und
du deine Antworten verdeckst,
damit er nicht sieht,
wie dumm du bist.

Lieber 6 Stunden Unterricht
als gar keinen Schlaf!

3 von 2 Menschen
können kein Mathe.

Die Schüler zählen
Fischarten auf:
Hecht, Aal, Scholle, Hering,
Barsch, Goldfisch.
Zum Schluss meldet sich Gina:
„Und Fischstäbchen!"

Im Unterricht fangen Bäume
plötzlich an, interessant zu werden.

Merke dir eins,
egal wie leer deine Flasche ist,
es gibt da draußen immer noch Flaschen,
die sind Lehrer.

Lehrer nennen es
„Aufs Klo gehen".
Schüler nennen es:
„Mir ist langweilig,
ich wandere mal in der Schule rum!"

Ich rede mit
meinem Sitznachbarn
über das Thema, das
Sie angefangen haben.

Mathematik und Deutsch sind meine drei gutesten Fächer in der Schule.

Eine 5 in Mathe und eine 6 in Chemie? Naja, dabei sein ist alles!

Das Mathebuch ist der einzige Ort, an dem es normal ist, 53 Melonen zu kaufen!

DIESER MOMENT ...

... wenn du im Raum sitzt, wo du das langweiligste Fach der Welt hast und im Raum keine Uhr ist.

DIESER MOMENT ...

... in dem man das ganze ABC durchsingt, um rauszukriegen, welcher Buchstabe nach G kommt.

Haben Sie sich schon mal gefragt, ob x und y nicht vielleicht lieber unbekannt bleiben möchten?

Die drei schönsten Wörter der Welt: Mathe fällt aus!

Niemand ist perfekt, deswegen haben Bleistifte Radiergummis.

Im Bett:
Um 6:00 Uhr
schließt du für nur
5 Minuten deine Augen
und es ist 7:45 Uhr.

In der Schule:
Um 13:30 Uhr
schließt du die Augen
für 5 Minuten und
es ist 13:31 Uhr.

Lehrer:
„Weißt du, was 9 auf Englisch heißt?"
Schüler: „Nein!"
Lehrer: „Richtig!"

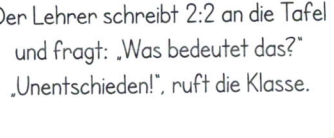

Der Lehrer schreibt 2:2 an die Tafel
und fragt: „Was bedeutet das?"
„Unentschieden!", ruft die Klasse.

Wissen Sie,
warum auch Piraten
keinen Kreis richtig
berechnen können?
Weil sie Pi raten!

Gestern hieß es,
5 plus 3 sei 8,
heute 6 plus 2!

Mathe fühlt sich ungefähr so an …

Unterricht:

$7 \times 4 = X$

Hausaufgaben:

$7(X - 5) = 87$

Klausur:

Ein kroatisches Seidenschwanzäffchen
bindet rosa Schleifen an die Äste
eines afrikanischen Affenbrotbaums im
tibetischen Hochgebirge. Bestimme X!

Spieglein, Spieglein im Regal,
die Schule ist mir so egal!

Genehmigte Lizenzausgabe
NEUER FAVORIT VERLAG GmbH
Industriestraße 19
64407 Fränkisch-Crumbach 2021
www.neuer-favorit-verlag.de

Idee und Projektleitung: Sonja Sammüller
Layout, Satz und Umschlaggestaltung:
design cat GmbH

ISBN 978-3-8494-2800-6